나뭇잎 비문

책 만 드 는 집   시 인 선 １３２

나뭇잎 비문

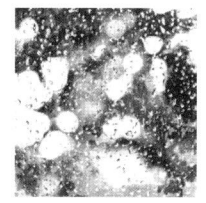

김정숙 시집

책만드는집

| 시인의 말 |

스스로 걸어 들어가
이러지도 저러지도 못한…

구 회 말 투 아웃입니다.
삼 장에 걸린 자책점 하나
슬며시 또 내려놓습니다.

−2019년 9월
김정숙

| 차례 |

5 • 시인의 말

1부 　내 생의 발원지가

13 • 금백조로
14 • 꽃향유
15 • 직진형 알몸뚱이로
16 • 설마 했는데
17 • 매화 With you
18 • 물영아리오름
19 • 서리
20 • 푸른 퇴적
21 • 폭설주의보
22 • 칠월 숲처럼
23 • 나뭇잎 비문
24 • 달
27 • 보름, 그 후엔
28 • 비양도
30 • 밤하늘
31 • 네가 봉황이다
32 • 오월에
34 • 유혈목이

2부 　그 꽃 다시 와서

37 • 봄볕
38 • 이식
40 • 그 꽃 다시 와서
41 • 입금 내역
42 • 겨울 무화과
43 • 팔순의 참깨 농사
44 • 잘 익은 자두를 보면
45 • 선비 상
46 • 사각 틀 안에
47 • 시어머니의 첫 문장
48 • 동자 언니
49 • 명자
50 • 장마 끝에
51 • 두루마리
52 • 비 오는 밤
53 • 단풍색 가죽 외투
54 • 본인 실종
55 • 마지막 온기를 다해

3부 당신께만큼은

59 • 이어도는 세일 중
60 • 섬에 핀 개민들레
61 • 붉은 밤
62 • 인어 이야기
63 • 띠풀 총총 서서
64 • 금창초
65 • 화산섬처럼
66 • 쪽빛 배경으로
67 • 또 지네
68 • 대추나무에 걸린 바람
69 • 동백씨를 줍다가
70 • 백 년이 흐른 봄날
71 • 슈퍼 엘니뇨
72 • 물구나무선 하늘
73 • 오조리를 걷다
74 • 시대의 들판

4부　나뭇잎에서 시를 줍다

- 79 • 완전연소
- 80 • 밥이 되는 시
- 81 • 담쟁이
- 82 • 탄핵의 계절
- 83 • 소나기
- 84 • 쑥
- 85 • 더운 낙화
- 86 • 목백일홍
- 87 • 양하꽃 피다
- 88 • 산딸나무
- 89 • 봄 바이러스
- 90 • 일몰
- 91 • 비 내리는 애조로
- 92 • 겨울 안부
- 94 • 없는 듯이 살다가
- 95 • 꽃분 품은 채로
- 96 • 도돌이표를 만나다
- 97 • 돌이 부럽다
- 98 • 육필 시인 셋
- 100 • 용수리 담쟁이
- 101 • 꽃의 제국

- 102 • 해설_ 고정국

1부
내 생의 발원지가

금백조로

제대로 가는 건가
길 없는 길의 시간
독촉장 들이밀듯 후려치는 갈바람에
한사코 고개를 젓는
억새 무릴 보았다

펼쳐본 적 없는 꽃잎 질 것 없어 좋으니
한 립 한 립 홀씨가 곁을 져도 좋으니
오름과 오름 사이에
누운 채로 살 거다

내가 그대에게
그대 내게로 오는 동안
뛰지 마라
날지 마라
생탯줄 끊지 마라
해 돋는 쪽으로 굽은 길이 여기 있으니

꽃향유

꽃이야 단풍이야
가는 대로 두련다

드러낼 것 다 드러낸 시월 끝에 이르러
물 바랜 다섯 손가락 쉴 새 없이 흔들며

바다가 하늘 같고 하늘도 바다 같은
다 비운 들녘에
향유享有란 무엇일까

단경기 제철을 만나
누릴 만큼 누린다

직진형 알몸뚱이로

전생에 우리는 어쩜 자매였을 거야
지렁이 굼벵이 달팽이 그리고 숙이
귀 익은 돌림자 이름 여태 함께 쓰면서

같은 듯 다르고 다른 듯 같은 모습
가을볕 푸짐한 텃밭 얼갈이 옆에 모여
생생한 오체투지로 수다 늘어놓는다

땅속이나 밖이나 산다는 건 똑같구나
젖은 데 마른 데 가려낼 틈도 없이
직진형 알몸뚱이를 앞으로만 굴리는

설마 했는데

가을에 섬겨야 할 건
물드는 저 마음이다

붉은빛 노란빛
망설이는
감잎의 살갗

숨겨온 나의 과거가
찍혀 있을
줄이야!

매화 With you

현실이 얼음벽이라도 꽃은 봄의 증거다
구름으로 떠도는 말 눌러 담은 방방곡곡
자모음 풍장 치르는 흰 매화를 보았다

슴베 없이 날뛰는 철면피 철을 만나
펴도 핀 게 아니고 져도 진 게 아닌 꽃
골수에 부르튼 물집 짓깨물어 올리는

이제야 미투 미투 껍질 뚫고 피는 꽃

빗속에 안개 속에
아흔에도 오는 봄을,
홑잎의 부서진 꽃말 '끝내 꽃을 피우다'

물영아리오름

여기, 여기였구나!
우리 생의 발원지가
사랑을 거두고도 가두지 않는 샘
팔백여 계단을 올라
섬 자궁을 만난다

반의반의 반 박자
무채색 심장 소리
뭇별 잉태한 곳이 정녕 저러할 거
그 속에 얼비친 세상
나를 품고 있구나

서리

저만한 결단이라야
새봄을 맞는구나

뜨겁게 쏟은 입김
새벽 한때 피는 꽃

밭두렁 왈칵 들고 선
촛농들을 보았다

푸른 퇴적

가라앉은 시간 위로
봄빛 다시 고인다
뿌리의 뿌리
그 뿌리의 뿌릴 밟고
수망리 물영아리오름
습지 찾아 앉았다

쏟아진 빗방울들이
표류하는 이곳에
퇴적을 거듭한 사유
아직 살아 있을까
돋아날 그날 그리며
시어 몇 점 뿌린다

폭설주의보

숲이시여!
저 눈부심의 무게를
감당하소서

큰 입 작은 손
덩달아 꽃잎까지

오로지
은닢, 은닢, 은닢

기다려온
이 시대

칠월 숲처럼

시간당 육십 밀리 물벼락이 그치고,
떼죽나무 떼 소리 참나무는 참소리
봇물 진
도랑 도랑에
몸 보태는 이슬 소리

굼벵이 적 매미 소리 딱따구리 딱한 소리
씨익씨익 풀여치 노루 노루 뿔난 소리
소리가
소리를 듣고
숲이 출렁거린다

나뭇잎 비문

살아내기 위하여 바둥바둥하던 이
이슬 머금은 채로 흔들리다 반짝이다
낱낱이 백골 드러낸 나뭇잎을 보았다

떨어져서 수백 번 마르고 또 젖으며
잎맥과 잎맥 사이 관계 탈탈 털어도
살아서 내세울 것이 딱히 없는 갈음을

산다는 건 몸속으로 길을 내는 거란다
가로세로 막 얽힌 우여곡절의 저 사설
흙 위에 살포시 누운 빈칸들을 읽는다

달

1
하나를 보면 열을 안다, 달나라에도 그 말 있었네
정칠월 초사흗날 맏이로 태어나서
다 저문 저녁 하늘을 가뿐 앞서 걷는 달

2
두 발로 걷는 건 기적 같은 일이다
다리 싸매고 누워 달 헤시던 아버지
한 걸음 걸어 나온 달 젤 부럽다 하신다

3
어쩌면 날 키운 건 팔 할이 가난일 거
보리밥 먹고 자도 쌀밥 먹는 꿈을 꾸던
초엿새 홀쭉한 달이 구름 속을 누빈다

4
기대가 없으면 구속도 사라지는걸

형제 많은 집 다섯짼가 여섯짼가
초이레 작은 반달이 자유롭게 흐른다

5
설거지 끝낸 상현달 방 안으로 들어와
두벌 차례 콩밭 매는 고향 마을 근황을
벌 나비 꽃분 옮기듯 흘려놓고 나간다

6
몸집 줄어든다고 셈까지도 줄어들까
일만 가지 얼굴로 일만 말을 일러주는
야무진 스무하루 달 울 언니를 삼고파

7
걸으면 걸을수록 앞날 더 아득하다
무수한 달그림자 지워진 그 길 따라
쉰 살의 일기를 쓰며 하현달이 웃는다

8
달나라 사는 것도 별반 다르지가 않구나
만났다 헤어지고 기다려 또 만나는
흰 새벽 눈이 빠지는 스무나흘 조각달

9
팍팍한 서울 하늘에 떨궈놓은 내 분신
불빛 숲 헤집으며 밤에도 꿈을 찾는다고
날 새는 스무닷새 달 호랑이띠인가 봐

10
너랑 나랑 손잡고 온전한 하나 되자며
별빛 뜸한 하늘을 헤쳐 나온 가을 녘
핼쑥한 그믐을 닮은 내 반쪽을 보았네

보름, 그 후엔

귀퉁이 허물며 뜨는 새벽달을 보았다
낼모레 반쪽이 되고 그글피쯤 등도 굽을까
짧은 잠 눈곱을 떼며 밭일 가는 울 형님

밝은 날 올려봤네 살얼음 은빛 조각
밤길 마다 않고 쌓은 보름을 내려놓아
한물간 달덩어리가 두루뭉술 흐른다

갈 길 이미 빤한데 밤보다 어두운 낮
아들 같은 태양 뒷전으로 흐르는
나랑은 달맞이꽃 터울 하현 따라 걷는다

비양도

성공이냐 실패냐
웅웅거릴 뿐이다
코끼리를 삼키고 한수풀을 빠져나온
보아뱀 바다에 누워
천 년 넘어 잠잔다

동에서 서쪽까지 알 수 없는 뱀의 뱃속
삼킨 자는 지키기 위해
산 자는 살기 위해
비양도 무인 등대가 뜬눈으로
지새울 때

평화여
바다여
잠자는 생텍쥐페리여
출구 없는 섬에서 헤매는 코끼리가
바다에

코를 담그고
별 하나를 섬긴다

밤하늘

깜깜할 땐 하늘을 본다
깜깜한 눈을 뜨고

깜깜한 세상에
촘촘히 박힌 저 눈빛

저마다
조금씩 다른
별 별 별이
다
곱다

네가 봉황이다

나뭇가지 살면서도 아침 인사 나누는
나보다 너를 위해 더 많이 울어주는
오로지 살기를 위해 날개를 파닥이는
한 모금 물에도 하늘을 우러르는
반 삭힌 먹잇감을 게워낼 줄 아는
토종 감 서너 알 놓고 잔치 잔치 벌이는
부화를 위해서만 제 둥지를 가지는
시베리아 벌판 건너 겨울을 찾아오는
하나만 바라볼 때는 슬픈 노래 부르는

오월에

설문대할망인들
어쩔 수 없는 내리사랑

한라산 칠백 고지
굴곡 많은 능선 따라

빗속에 때죽나무꽃
그렁그렁 맺혔네

가시덤불이라도
너라면 다 괜찮다

전설이 다할 때까지
내려놓지 않을게

아래로, 아래로 매단

오백 석의
그
리
움

유혈목이

꽃밭 지나는 길에
허물 걸쳐두었네

하얗게 사그라드는
저 한때의
비선秘線

세 치 혀 날름거리던
꽃뱀 거기
있었네

2부

그 꽃 다시 와서

봄볕

유채 위에 노랗게 냉이 위엔 하얗게
바람 사이 구름 사이 흔들리는 꽃잎 사이
아버지 따스운 손길 종일토록 내리네

"오입질 도둑질 빼고 뭣이든 해보거라"
노을결 넘으시며 달랑 주신 알몸뚱이
성글은 곁가지에도 꼬투리가 맺히고,

이 세상 꽃들이 피는 이유 다 같아
뼛속까지 저 닮은 씨앗 몇 톨 남겨놓고
들판 위 산전수전山戰水戰을 빈틈없이 수놓아

이식

삼십 년생 귤나무를
자리 옮겨 심는다

푸르게 이끼 돋던
염원을 자르고

맨주먹 초심의 봄을
꼭꼭 눌러
밟는다

밟히고 잘려서라도
다시 태어난다면

톱질 소리 따라가며
하얀 피 쏟는 나무

저물녘 삼월 하늘에
땀이 송글
맺힌다

그 꽃 다시 와서

뜨거움 깊이를 모른 팔월의 목백일홍
노을 반쯤 내린 산모롱이 딛고 서서
검붉게 태운 하루를 소리 없이 거둔다

사랑에 덴 상처 생앓이로 견디다가
빼도 박도 못하는 백 일 시한 받아 들고
고모님 엷은 미소가 열꽃으로 번진 날

생이 뭐 있느냐고 무심한 척 뱉지 마라
구불구불 구부러진 가지마다 내린 사랑
가뭄 속 폭염을 뚫고 송이송이 다 붉다

입금 내역

팔순 넘긴 통장으로 눈물이 들어왔다
갈퀴 같은 손가락으로 더듬으시는 거기
어머니 친정 내력이 단출하게 찍혔다

한밤중 불려 나가 주검이 된 아버지와
학교 간다 하고선 소식 없는 큰오라버니
아무 말 하지 말거라 밀어붙인 침묵이

"사난 살아져라 이승산디 저승산디"*
망자의 핏줄값으로 되살아난 그날의 통곡
푹 꺼진 눈매를 따라 고여들고 있었다

* "살다 보니 살아지더라 이승인지 저승인지"의 제주 방언.

겨울 무화과

꽃 없이 맺히는 열매도 있겠거니
어차피 맺혔으니 지나다 보면 익겠거니
민심을 걸어 잠그고 무화과가 버틴다

촛불 든 별들이 밤마다 찾아와서
마당 가득 서려놓은 새하얀 입김에도
몰라라 꾹 다문 배꼽 떨어내지 못하고

시류를 거스른 자 뒷일을 부탁 마라
빨갛게 시린 가지가 흔들리는 겨울밤
잎 다 진 마당 한편에 쭈글쭈글 매달려

팔순의 참깨 농사

누가 익은 대궁을 거꾸로 세우는가
태풍 가뭄 이겨내고 알알이 여문 씨알
허리끈 동여맨 채로 좌르르르 쏟는다

이파리 하나에 가슴 졸인 꽃이 하나
그 꼬투리 꼬투리 물기 어린 낱말 속
여든 생 간간이 맛본 날벼락이 또 남아

한쪽 눈만 잃은 게 얼마나 다행인지
시들기로 작정한 소실점 어루만지시는
어머니 왼쪽 눈가로 보랏빛이 털린다

잘 익은 자두를 보면

꿈조차도 새콤한 자두나무 있었지
봄이면 초록 하트 가지가지 매달아 놓고
심장을 달구어가던 어린 고모 살았지

무자년 터진 가슴 아물지가 않더라
늦서리 두어 번 맞고 생리 아예 없더라
생과 사 얼얼한 이슬 진자리가 붉더라

죽창에 찔리던 봄 절뚝거리며 또 가고
끝내 단 한 번을 익혀보지 못한 자두
심중에 단단한 씨앗 문신 새겨 살더라

선비 상床

나고 자란 초가집 시원섭섭 헐리던 날
솔가지 그을음 진득 밴 부엌 문짝이
어머니 봇짐을 지고 혈연처럼 따라와

적갈색 물림 바탕에 가늠할 수 없는 나이
'굴무기 굴무기낭'* 치켜세운 성정답다
여닫던 나무 발톱이 새카맣게 반짝여

나무는 죽을 때마다 새 이름을 얻는다
뭉뚱그린 나이테에 정직하게 쌓은 연륜
공손히 책장을 펼쳐 내 품행을 묻는다

* 굴무기낭 : '느티나무'를 이르는 제주 말.

사각 틀 안에

갓 지난 일백 년에 사포질을 하였다
손길 스칠 때마다 먼지 털며 일어나는 시간
할머니 남기신 궤짝 자물쇠를 풀었다

나라 잃은 땅에 발붙이다 간 남편과
새 세상 눈뜨다 휩쓸려 간 아들과
나란히 포개둔 체취 바꿔 먹은 가난과

무표정 상판 외엔 전신이 다 열꽃 자국
좀벌레 슬어놓은 몸 안을 쓰다듬으면
어쩌면 감옥이었네, 눈물이 다 죄인걸

시어머니의 첫 문장

낫질 호미질로 육십 넘게 사셔놓고
첫 손주 어깨너머 기역 니은 훔치시더니
줄 공책 첫 장을 펼쳐 묵은 씨앗 심는다

아버지 김별별 어머니 현별별
오빠 동생 이름은 눈물 훌쩍 적시시며
사삼에 풍비박산한 가족 별을 심는다

동자 언니

꽃은 지면서 제 발등을 덮는다
불인 듯 눈발인 듯 삐약삐약거리듯
옷소매 걷어붙이고 철을 나던 그 여자

씨앗 몇 톨 거두느라 남모르게 까매진 속
꽃으로 지우는 건 또 어떻게 알았는지
눈 감아 백지장 같은 저 날개의 존재여,

예쁘다가 곱다가 훨훨 아름다워지는 길

피고 지다
서둘러 돌아가는 산자락에
다정만 남기고 떠난
꽃 이름을 묻었다

명자

피지 못해 고운 꽃이
더러더러 있단다
반 뼘 햇살에 온몸을 달구다가
명자꽃 속으로 숨은
그 봄날이 그랬지

올봄 다시 와서
명자랑 숨어 피네
본적지 아주 떠난 요양원 마당에서
처음 본 꽃처럼 피네
홀로 얼굴 붉히며

장마 끝에

퍼붓다 남은 구름
홍두깨로 밀어서

서쪽 하늘가에
슬쩍 걸쳐놓았네

어머님
가시는 길도
금실 수놓으시려고

두루마리

두루루 감겼어도 결코 무르지 않으리라
소리 없이 뜯기며 궂긴 세상 닦으시던
어머니 무채색 삶이 또 한 자락 풀리고

처음부터 그 심중엔 아무것도 없었을 거야
바람이 들고 나며 풀무질해대는 동안
가뿐히 야위고 마는 하얀 생의 저 길이

비 오는 밤

도 레 레…
오선 아래로 가라앉는 물방울
목 놓아 쏟고 나면 구름도 백발이 될까
빗소리 품에 안겨서
사부곡을 부른다

제 앞가림 하느라 후렴에 둔 치사랑
극세사 베개 속으로 눅눅 스며드는 밤
엇박자 박히는 귓가
콕콕 쑤셔 아프다

단풍색 가죽 외투

낡은 맛이 편안해지는 이런 날이 올 줄이야
숨소리도 알아듣는 단풍색 가죽 외투
짝짝이 단추를 풀어 날 꼬옥 껴안는다

함께한 추운 계절이 삼십 년을 바라보네
번번이 유행을 놓쳐 뾰로통한 담금질에
다툼도 길이 드는지 얼룩덜룩 배긴 살갗

사랑은 무두질이다 죽어도 다 닳지 않을
삶고 씻고 두드리며 채색하는 가슴 한쪽
숨통의 마른 껍질에 잔실밥이 터졌다

본인 실종

사람은 사람을 증명하지 못했다
지갑을 잃고 헤매 다닌 어스름 녘
내가 날 열지 못하고 서울역에 서 있다

공일공 공일공 엮은 그물망 사라지고
"신분증 아니면 운전면허증이라도…"
본인을 앞에 세우고 증명서만 찾는다

고삐 풀고 오히려 자유롭지 못한 사람
어느 하늘 아래 노숙의 잠을 청하나
귀 닳은 지갑에 꽂힌 내가 눈에 밟힌다

마지막 온기를 다해

쉰 고비 넘고부터 직진밖엔 길 없었네
서툰 불혹을 만나 혹에 혹을 붙이며
달려온 푸른 낙타가 주저앉은 출근길

밤새 토한 입김이 뿌옇게 얼붙었네
끊길 듯 타들어 가는 시동을 걸어놓고
마지막 온기를 다해 유리창을 닦는다

깜빡이 촉을 세운 무한 충성 나의 Rio
이십육만 삼천 킬로 희로애락을 싣고
밑줄 친 생의 마디가 게이지를 내린다

3부
당신께만큼은

이어도는 세일 중

저기, 저 꽃밭 좀 봐
곳곳이 금맥이래
연삼 일 비 내려 그려놓은 바코드에
빨간불 깜박거리며 섬은 몸살 중이다

바다로 떠오른 해
바다로 질 때까지
삼시 세끼 밥술이나 뜨며 산다는 요즈음
이상향,
그 땅이 여길까
풀꽃들이 터진다

날마다 새 주인 섬기는
제주 꽃이 바쁘다
부르면 부르는 대로 아무나 쫓아가는 땅
내일은 어딜 내놓을까
삶을 거래 중이다

섬에 핀 개민들레

풀꽃 섬에도 베어진 사랑 있었네
하추자 올레길에 흥건한 저 풀 내음
그물코 엮던 꽃송이 뜨물 뚝뚝 흐르고

사람 데려가 놓고 바다가 잠잠하네
사랑 데려다 놓고 세상이 잠잠하네
꽃씨를 품은 씨방이 발길질을 하는 밤

토종보다 더 토종답게 이파리 땅에 붙이고
손발짓 더듬더듬 사투리를 배워가던
생머리 베트남댁이 노란 폴더를 접는다

붉은 밤

산에는 붉은 바람 해안에 검은 파도
낚아낸 사람들을 어업 창고에 가뒀더랬지
물러진 물숨 냄새가 비릿하게 풍겼다지

사람이 사람 꼬릴 물고 제가 제 살 파먹도록
마른 창고에 담아 두 달여를 또 말리고
총부리 등에 지고서야 여름밤을 나섰다지

죽음을 예감하면 눈물이 앞서 말라
소 몰던 갯거리오름 휘파람 소리 환한데
내딛는 발자국들이 허공으로 붕 뜨고

그 흔한 죄목도 없이 식상한 인사도 없이
서늘한 별똥별이 고향 지붕에 드르륵 지고
만벵듸* 울리는 총성, 메아리가 붉었네

* 4·3 집단 학살터 중 한 곳.

인어 이야기

그 누가 사시는가 가파도 늙은 골목길
납녘 바다 아가밀 달고 더듬더듬거린 돌담
해풍에 그을다 터진 고무 옷이 걸렸네

물속에 터전을 두면 내 식구 젖지 않을 거야
웃음도 눈물도 검은 옷 마법에 걸어
저승길 다녀오면서
숨비소리
뱉는 이

사랑을 몰랐더라면
어이 어이
이어도 사나
멀리 보면 풍경도 들어서면 물속의 길
물질로 누빈 생애가
한 땀 한 땀
찰랑여

띠풀 총총 서서

이 들녘 물드는 풀을 단풍이라 하지 마시게
얽히고설킨 뿌리에 거꾸로 솟구치는 피
휘두른 그때 그 권력 당장 거둬주시게

죄목이 무엇이길래 남녀노소 몰살형인가
난리 통이 무서워 굴속으로 숨은 사람들
그 입구 죄 틀어막고 불을 지른 사람들

제 몸처럼 굳어가는 바위 재갈 빼주시게
까칠한 하늬바람 달려드는 늦가을
다랑쉬 총총 서 있는 붉은 띠를 만났다

금창초
― 이덕구 산전에서

이제,
들리시나요 보이시나요
아직인가요
줄줄이 피붙이를 총구 앞에 세우시고
사려니 북받친밭에 드러누워
핀 당신

구름 속 달님 별님아
쭈뼛 선 나무들아
부디 나를 밟고 가 밝은 하늘 보시게
외롭게 타들어 가던 저 진한
반골의 피

칠십 년을 피고 져도 그 자리 그 빛 그대로
피골이 상접한 가슴
퍽퍽 찧으며 피는
금창초 꽃잎의 유언
이 봄날이 에이네

화산섬처럼

물불 못 가리고 내달리던 맥박이여!
화산섬 오름 자락 뼛가루로 묻혀서
오로지 당신께만큼은 붉게 남고 싶어요

식어 돌이 될지라도 돌이 부서질지라도
한 몸 터지도록 솟구치며 끓다가
산화한 열꽃 송이에 사락사락 발 담그는

뜨거운 들숨 날숨 더 환히 열어둔 길
일만 년 흔들리며 여기까지 걸어온 길
발그레 마른 꽃 같은 송이돌이 따뜻해

쪽빛 배경으로

하루하루 일과는 기다림 친친 동이는 일
울담에 키를 재다 훌쩍 큰 감나무 아래
눈 빠진 호랑거미가
별빛을 늘여 잡고

점점 기댄 모서리 예각과 둔각 사이
주저앉은 오금으로 지어놓은 집 한 채
못 볼까
날 못 볼까 봐
문이란 문 다 열어

뒤물러 서서 보면 잔잔한 반짝거림
가슴 허물어지던 그때마저도 푸르다는
용당리 처음 본 집에 외할머니 계셨다

또 지네

찔레 찔레꽃 지네
한국의 오월
또 지네

더 빠질
피도 진도 없어
가시밭에 걸린 꽃잎

혈육이 무엇이기에
심야 산길이
환하나

대추나무에 걸린 바람

갈바람 쓰다듬어도 버거운 날이 있다
푸른 열매 매달고 눈물 뚝뚝 지는 나무
신도시 뿌리를 내린 토종 대추 만났다

그 불볕 다 사른 무일푼의 여름 가고
청실홍실 옷자락에 받아낸 대추들은
어디로 사라진 걸까 흔들리는 저 눈빛

못 가진 게 죄만 같은 물질 만능 이 시대
고향이 점점 낯설어 아예 잊고 산다는
코끝이 발갛게 취한 아우님을 보았다

동백씨를 줍다가

이 통증,
가불해 쓴 아름다운 날의 대가인가요
제가 제 몸을 쪼개며 견디는 가을
동백이 동백을 낳는
나무 곁에 서 있다

하늘길을 낸다
위성도시를 세운다
파도 소리를 내며 골목 밀려드는 바람
대대손 뼈를 묻어온
목숨들을 흔들고

갈빛으로 여물어가는
저 씨앗을 살피소서
오로지 살아남는 길 씨를 묻는 거라고
섬 동백 자궁을 여는
구월 하늘이
붉었다

백 년이 흐른 봄날

몇 가슴을 허물고 예 와 계십니까
겁비에 휩쓸린 듯 천근만근의 얼굴로
한라산 마른 계곡을 지켜 계신 겁니까

사람 위에 사람 없듯 나라 위에 나라 없다
야위는 달빛에 흙 묻은 손발 씻으며
기미년 선홍색 나이 아낌없이 바치신

육신 다 사라져도 맑은 혼 흐르는 여기
뉘 목숨을 불살라 이 봄도 움트는지
법정사 초상화 앞에 고개 숙여 섭니다

슈퍼 엘니뇨

겨울잠은 다 잤어
이 만성 두드러기증
양팔 뒤로 꺾어도 닿지 않는 내 몸 구석
나 어린 조국의 눈물
위안부로 앉아서

제 등을 제가 못 긁고
돈을 빌려 뭉갠 밤
날갯죽지 사이로 부끄러움 돋아나
열 손톱 쫙 세우고도
어쩔 줄을 모르네

가려움은 가려움으로
아픔엔 아픔으로
순리를 무시하고 하 마냥 따뜻한 겨울
병신년 일월 초순에
'사쿠라'가 터진다

물구나무선 하늘

더도 덜도 말라는 한가위 받아놓고
당기다 놓아버린 늙은 농부의 심줄처럼
온평리 월동무밭이 물에 잠겨 누웠다

뿌린 대로 줄지어 떡잎 위 돋던 소망
하룻밤 폭우에 무참히 쓸려 보내고
서로의 안부를 묻다 무 농사도 묻었다

견딤이 전부였구나 농부로 산다는 건
부서진 구름 떼 주워 담은 저 쪽빛
가을이 또 휘청했다 고랑 고랑 하늘이 잠겨

오조리를 걷다

오늘의 나는 어디쯤 걷고 있을까
최신 지도 펼쳐놓고 밑줄 짙게 그어놓은
성산포 지질 트레일에 발을 올려놓는다

일출봉 나침판 삼은 좌 바다여 우 뭍이여
꼬불꼬불 출렁이며 땀범벅 오르내리며
색색이 모 맞춘 지붕 마중 나온 이 길에

돌아와 다시 서네
해가 아직 높았네
일상이 여행이고 여행이 일상이네
저마다 섬광을 실어
반짝이는 등대네

시대의 들판

들은 길을 품고 시간은 길을 달렸다
어제 핀 억새꽃 젖은 머리카락을 털며
수산평 휘젓는 가을
한복판에 서보네

눈물은 흐른 자국을 남기지 않았다
일렁이다 잦아든 테우리의 눈자위
품 너른 수산한못이
낙인으로 찍히고

마력의 시대 위로 세워진 풍력발전기
창공을 가르는 삼지창 바람개비가
도심 속 반지하 방도
반딧불을 켠다며

힘이 힘을 낳고 힘은 힘을 먹는다
온다 간다 말없이 마소 떼 떠난 지금

날개의 폭력을 쓰는
활주로를 놓는다네

수산 들에 새벽은 전쟁처럼 밝아온다
살아 테우리는 죽어서도 테우리
대 이어 갈구는 땅에
억새꽃은 또 피어

4부
나뭇잎에서 시를 줍다

완전연소

눈물 자국 희미한 연서를 태우는 밤

죽으면 죽었지 젖지는 않으리라던

발화점 가 닿지 못한 풋사랑이 또 밟혀

바람을 빌려서라도 불꽃을 섬기리라

갈 데까지 가보고 마는 뜨거운 저 순수

후우우 입김을 넣네, '사랑해'가 불붙네

밥이 되는 시

자음 따로 모음 따로

뒹굴어도 삶이다

온몸에 흙물 적셔

시 쓰는 지렁이

콕 집어

참새가 물고

저녁상을 차린다

담쟁이

'끼어들지 마시오!'
팻말 떡 붙여놓고

강변로 방음벽을
독차지한
저 선, 선

빨간 잎 떨굴 때마다
오리발을
내민다

탄핵의 계절

물기 잔뜩 머금은
말 말 쏟아진다

자정이 훌쩍 지나
변론조차 검은 밤

곧 녹아 드러날 마당
애써 덮는 눈
내린다

소나기

다다다 점찍으며
달려가는 생을 보았네

하늘과 땅 사이에
물을 베던
당신과 나

해 질 녘
빨주노초가
파남보로
걸렸다

쑥

봄이 쑥쑥
올라오네
농단의 풀밭에서

우리도 반만년 단군의 자손이라며

삼월의 햇살에 대고
초록 손을
펴 드네

더운 낙화

산다는 건
그리움을 만드는 일이다

연거푸 닷새째
문상을 다녀온 저녁

동백꽃
더운 눈물이 툭툭 지고 있었다

목백일홍

일 년에 백 일쯤은
뜨거워도
괜찮아

폭염에 껍질 벗으며
비지땀 흘리는 나무

묘역을 지키다 보면
행불행이
다 붉어

양하꽃 피다

텃밭 양하 숲으로 가을 달려옵니다
낮 한때 폭염주의보 연일 치댄 들녘을 지나
어엿한 꽃 주머니를 새순처럼 내밀며

봄은 봄대로 꽃 여름은 또 여름대로
화려한 계절 한켠 지새운 밤을 아는 건지
양하꽃 촉수를 잡고 귀뚜라미 웁니다

아직은 아무것도 사라지지 않을 때
속으로 삭혀온 맵싸한 향을 풍길 때
심장도 보랏빛이 된 가을 내게 옵니다

산딸나무

대놓고 괜찮대요
팔불출이라는데도

푸르스름 마르다 만 코딱지 같은 꽃망울

어깨 위 무동 태우고
오뉴월을 넘으시던

비 맞을라
벌레 물릴라
건들바람 스치울라

해주신 꽃받침이 꽃보다 더 꽃다운

울 아빠 딸바보래요
장마 질러오시는

봄 바이러스

춘분을 하루 앞둔 밤
암호망이 털렸다

깜깜한 바탕화면에
펄펄 내리는 바이러스

연둣빛 기억장치가
꽁꽁 얼어 먹통이다

특수문자 섞어가며
이중 삼중 잠가놓고

서둘러 나온 매화가
씨방까지 얼붙어

일 년 또 공치겠구나
백치 같은
저 눈꽃!

일몰

발가벗은 바다가
자글자글 끓는다

경보급 풍랑을 겪고
간만에
맛보는 정사

붉은 해 쑥 들어간다
꼴깍꼴깍
뜨겁다

비 내리는 애조로

너를 향한
내 마음은 언제나
초보 운전

집중하면 할수록
아른대는 중앙선에

가슴이
잡은 핸들을
이제 어떡하라고…

겨울 안부

언제 어디 어떻게
사느냐고 묻지 마세요

동백 져 다시는
돌아오지 않겠지만

나무는
또 오래오래
꽃을 피울 테니까

질기게 흔들리다
떨어져 얻은 자유

밟히면 뽀득뽀득
더러 향 날 거예요

지금 막
피운 여기가
눈길이라도 좋아요

없는 듯이 살다가

산목련 지네, 지네
늘어지는
춤 사 위

나무와 나무 사이 없는 듯이 살다가

이 한 봄
맨 앞에 서서
꽃불 켜고 가시네

꽃분 품은 채로

동백꽃 죽어서
물 위에 한참 머무네

이슬을 머금은 채
노란 꽃분 품은 채

연못이 봄처럼 피어
속을 환히 비추네

도돌이표를 만나다

막 익은 동부콩을 울담에 올려놓고
난산리 빌레길 따라 발 내린 콩짜개난
가는 이 오는 이 한 줌
말값에다 보탠다

"먹을 사름 이성 싱 거? 씨 그치지 말젱 싱검주"
무 농사 콩 농사 감귤 농사 자식 농사
족족이 거두는 대로 봇짐 싸서 보내고

사시사철 돋는구나 그리움 절인 향
돋은 자리 또 돋고 돋은 자리 또 돋고
도톰한 도돌이표를
짙푸르게 찍는다

돌이 부럽다

그런 사랑
얼마면 되느냐고
물어볼걸

돌 돼서도
짝 찾아 헤맸다는
부부석*

전 재산 탈탈 털어서
돌이 되고
싶었다

* 서귀포시 성산읍 수산리에 있음.

육필 시인 셋

－달팽이
몸으로 시 쓰는 법
달팽이에게서 배운다
가는 듯 머무는 듯 살다 간 돌담 밑
한 줄기 은빛 기록이
삶 사 삶 사 빛난다

－달개비
제 마디 제가 꺾으며 빈자리 내주는 풀
석 달 가뭄에도 돌 틈에 뿌리 내리며
한 번도 하늘에 대고
구걸하지
않았다

－비단뱀
진골의 어둠이라면
차라리 눈 감고 가리

비상등 깜박거리며 더듬거리는 산록도로
한밤을 가로지르는
비단뱀을
만났다

용수리 담쟁이

지켜드릴게요 돌아올 그날까지
당신의 성정을 닮은 줄기를 내리면서
잇몸 다 무너진 곳간 새잎 피워볼게요

코 인사 배웅도 없이 가볍게 떠난 사람
늦어도 사나흘 후 다시 돌아올 것처럼
주름진 세간살이를 손 가던 대로 펼쳐두고

얼마나 많은 봄날이 이 집에 살다 갔을까
녹 앉은 손때 자국 훌쩍훌쩍 훔치며
담쟁이 초록 손금이 벽에 지고 있었다

꽃의 제국

꽃 가꾼다는 게
꽃밭에서 꽃을
뽑는 일

얍삽한 호미 날
연거푸 내리
꽂으며

바랭이 질긴 심중을
낱
낱
뜯어 발기는

| 해설 |

물음표 없는 질문, 그 무성의 노크 소리

고정국 시인

1

 농사짓는 사람들에겐 아침 눈을 뜨자마자 하늘을 보는 습관이 있습니다. 새벽하늘 아침하늘 점심하늘 저녁하늘 그리고 밤하늘에 이르기까지 하루에 적어도 열두 번 이상 하늘을 볼 수밖에 없습니다. 이 습관에 의해 진화된 고감도의 안테나엔 자연과 통하는 이들 전유인 주파수가 있습니다.
 김정숙 시인의 두 번째 시집은 세상의 문을 두들기는 노크 소리로 가득 차 있었습니다. 과거형에 바탕을 둔 서정성의 시형에서 쉽게 접하는 낱말들이 아닌, 오늘 삶의 현장에 전개되는 현재진행형의 문법들을 만날 수 있어서 좋았습니다.

깜깜할 땐 하늘을 본다
깜깜한 눈을 뜨고

깜깜한 세상에
촘촘히 박힌 저 눈빛

저마다
조금씩 다른
별 별 별이
다
곱다
-「밤하늘」전문

  깜깜할수록 더욱 또렷해지는 것 그게 별입니다. 그런데 깜깜한 하늘을 깜깜한 눈을 떠서 보는 김정숙 시인의 저 시적 관찰법을 통해 우리는 오랜만에 같은 듯하면서도 "저마다/ 조금씩 다른/ 별"들의 얼굴을 헤아려보게 됩니다. 세상 모든 사물과 사물 사이에 "촘촘히 박힌 저 눈빛"이야말로 우리가 좀처럼 구분키에 소홀했던 소수점 이하의 대상이면서, 소수점 이하의 언어들을 김정숙 시인을 통해 만납니다. 이런 주고받음을 통해 저 미세한 형체나 움직임들이 쉴 새 없이 우주의 안녕에 기여하는 가치들을 발견하기에 이릅니다.

시인의 시각으로 눈뜰 때, 비로소 소수점 이하의 풍경이나 언어들이 기쁜 모습으로 우리 곁으로 다가옵니다. 더구나 자연 가까이에 저들과 더불어 살 때, 세상의 모든 소리가 시인의 주파수로 연결되면서 우리의 오감 솜털을 어루만집니다. 그 무성의 노크 소리가 내면에 전달되면서 하늘의 별과 정겹게 소통하는 것입니다. 저마다 조금씩 다른 반짝임의 언어로.

> 전생에 우리는 어쩜 자매였을 거야
> 지렁이 굼벵이 달팽이 그리고 숙이
> 귀 익은 돌림자 이름 여태 함께 쓰면서
>
> 같은 듯 다르고 다른 듯 같은 모습
> 가을볕 푸짐한 텃밭 얼갈이 옆에 모여
> 생생한 오체투지로 수다 늘어놓는다
>
> 땅속이나 밖이나 산다는 건 똑같구나
> 젖은 데 마른 데 가려낼 틈도 없이
> 직진형 알몸뚱이를 앞으로만 굴리는
> ―「직진형 알몸뚱이로」 전문

농사짓는 사람들이 누릴 수 있는 또 하나, 바로 묵언수행의 체험입니다. 하루 종일 밭일을 하면서 때로는 단 한 마디 하지 않고 하루를 보내는 경우도 있습니다. 지표면에 가장 가까운 자세로, 엉덩이 절반 정도를 땅바닥에 끌면서 오리걸음을 걷는 김매기 작업의 지겨움은 보통 이상의 인내를 요합니다. 그 인내의 한계선을 넘어섰을 때 비로소 몰입의 단계에 이릅니다. 이때, 김을 매던 호미 자루가 제 주인과는 아무 상관 없다는 듯이 저 혼자 풀을 뽑으면서 지표면을 깨워나갑니다. 그리고 불쑥 땅속에서 잠자던 말동무들을 만납니다. "지렁이 굼벵이 달팽이" 이들 '이' 자 돌림의 미물들에게 '숙이'라는 농부 시인이 끼어들면서 미물과 인간과의 경계선을 허뭅니다. 그 "생생한 오체투지"의 몸짓으로 서로에게 수다를 늘어놓다 보니, 결국은 "땅속이나 밖이나 산다는 건 똑같"다는 데에 의견 일치를 보는 것 같습니다. 몰입은 이미 시간의 굴레를 벗어나 하나하나의 고통까지도 곧바로 기쁨으로 이어지게 만듭니다. 농사일은 이처럼 자연과의 소통 과정에서 '몰입의 희열'을 체감하게 합니다.

여기 말벗인 지렁이, 굼벵이, 달팽이 등은 땅에 묻혀 살면서 토양 내부의 물리적 개량에 도움을 주면서 뿌리의 호흡을 돕고 있습니다. 너나없이 "직진형 알몸뚱이"임을 확인하면서 시인은 미물이나 인간이나 사는 방식이 약간 다를 뿐 그 생존의 목적은 하나도 다르지 않다는 것을 발견하기에 이릅니다. 역시 공생의 차원을 넘어 비로소 문학 속에서 공진화의 단계에까지 이어지고 있다는 것을 확인합니다.

고서를 읽다 보면 지성무식至誠無息이란 어휘를 만납니다. 세상 어느 한구석 빠뜨리지 않고 지극정성의 입김을 다 쏟아내는 하늘의 마음가짐을 말하는 것이라 해도 크게 잘못은 없을 것 같습니다. 하늘은 농부들에게 세 가지 선물을 무한정으로 제공합니다. 비와 바람과 햇빛입니다. 공기 중의 탄산가스와 토양에서 빨아올린 물이 합성되면서 탄수화물, 즉 녹말을 만들어냅니다. 녹말을 만들어내는 기계가 바로 식물의 잎이며, 그 엔진을 가동하는 에너지가 바로 태양 빛입니다. 농사 기술이란 하늘이 내리신 이 세 가지 선물을 농작물들에 가장 효율적으로 사용할 수 있도록 도와주는 것입니다. 또한 농부 시인들은 하늘이 베푸시는 은총을 다시 영의 양식, 즉 시로 받아쓰는 역할자들이라 할 수 있습니다.

생산의 3요소를 토지, 노동, 자본이라고 학교에서 배웠습니다. 그렇다면 시력과 어휘력과 상상력이 곧 글 농사의 3요소라 할 수 있겠지요. 시인의 이 세 가지 능력이 합성되면서 짓는 글 농사, 그게 시 쓰기이면서, 그렇게 오늘 김정숙의 두 번째 농산물 『나뭇잎 비문』을 전해 받았습니다.

> 살아내기 위하여 바둥바둥하던 이
> 이슬 머금은 채로 흔들리다 반짝이다
> 낱낱이 백골 드러낸 나뭇잎을 보았다

떨어져서 수백 번 마르고 또 젖으며
잎맥과 잎맥 사이 관계 탈탈 털어도
살아서 내세울 것이 딱히 없는 갈음을

산다는 건 몸속으로 길을 내는 거란다
가로세로 막 얽힌 우여곡절의 저 사설
흙 위에 살포시 누운 빈칸들을 읽는다
―「나뭇잎 비문」 전문

 나뭇잎 하나에도 생로병사의 과정이 있어서, 귤나무 잎의 수명은 15개월 정도로 잡습니다. 4월에 발아한 잎이 1년간의 생리 활동을 마치고 떨어지는 시기가 이듬해 5~6월에 해당됩니다. 땅에 떨어진 잎들은 맨 먼저 제 몸에 품었던 물기를 하늘에 반납합니다. 이 과정에서 하늘은 그 이파리의 색소까지 회수해 갑니다. 이후에 토양미생물이 관여하면서 결국 '낱낱이 드러낸 백골'의 형상을 만나게 됩니다.
 이 연시조의 셋째 수 초장에 눈길이 머뭅니다. "산다는 건 몸속으로 길을 내는 거란다". 여기 눈에 보이는 '몸 밖'과 눈에 보이지 않는 '몸속'으로, 즉 형이하의 세계에서 형이상의 세계로 이어지는 전개 과정에서 시인의 사유와 인식의 체계를 가늠하게 됩니다. 생전의 모습에서 사후 세계까지 헤아려보려는 시인의 눈빛은 관조의 차원을 넘어 자기성찰로 이어지고 있습니다. 제목의 '비문'을 '碑文'으로 읽어야 할지 '秘文'으로 읽어야 할지 이 선택도 독자의 몫으로 남겨놓으려는 시인의 계략이 얄밉습니다.

> 여기, 여기였구나!
> 우리 생의 발원지가
> 사랑을 거두고도 가두지 않는 샘
> 팔백여 계단을 올라
> 섬 자궁을 만난다
>
> 반의반의 반 박자
> 무채색 심장 소리
> 뭇별 잉태한 곳이 정녕 저러할 거
> 그 속에 얼비친 세상
> 나를 품고 있구나
> —「물영아리오름」전문

제주에는 삼백예순이 넘는 오름이 있습니다. 그중 분화구에 물이 고여 있는 물영아리오름이 서귀포시 남원읍 수망리에 있습니다. 김 시인의 마을이지요. 800여 계단을 딛고 올라 비로소 나를 잉태했던 더 큰 의미의 자궁을 만납니다. 물과 穴(구멍)

이 있는 여기가 생의 발원지임을 인식하면서 시인은 "사랑을 거두고도 가두지 않는 샘", 즉 '섬의 자궁'으로 읽고 있습니다.

2

20세기에서 21세기로 넘어서는 경계선에서 제주의 한 인간이 시인으로 진화할 수밖에 없는 가족사의 내면을 만납니다.

> 뜨거움 깊이를 모른 팔월의 목백일홍
> 노을 반쯤 내린 산모롱이 딛고 서서
> 검붉게 태운 하루를 소리 없이 거둔다
>
> 사랑에 덴 상처 생앓이로 견디다가
> 빼도 박도 못하는 백 일 시한 받아 들고
> 고모님 엷은 미소가 열꽃으로 번진 날
>
> 생이 뭐 있느냐고 무심한 척 뱉지 마라
> 구불구불 구부러진 가지마다 내린 사랑
> 가뭄 속 폭염을 뚫고 송이송이 다 붉다
> -「그 꽃 다시 와서」 전문

목백일홍은 연중 가장 뜨거운 8월에 꽃을 피웁니다. 사랑에 덴 상처를 생앓이로 견디다 100일 시한의 선고를 받고 엷은 미소 짓던 고모님의 인생사를 한 식물에 빗대어 그렸습니다. 그리고 "가뭄 속 폭염을 뚫고 송이송이 다 붉"은 언어의 꽃을 이번엔 조카인 김정숙이 피워내고 있네요.

> 팔순 넘긴 통장으로 눈물이 들어왔다
> 갈퀴 같은 손가락으로 더듬으시는 거기에
> 어머니 친정 내력이 단출하게 찍혔다
>
> 한밤중 불려 나가 주검이 된 아버지와
> 학교 간다 하고선 소식 없는 큰오라버니
> 아무 말 하지 말거라 밀어붙인 침묵이
>
> "사난 살아져라 이승산디 저승산디"
> 망자의 핏줄값으로 되살아난 그날의 통곡
> 푹 꺼진 눈매를 따라 고여들고 있었다
> ―「입금 내역」 전문

"한밤중 불려 나가 주검이 된 아버지와/ 학교 간다 하고선 소식 없는 큰오라버니"……. 외할아버지의 목숨값이 어머니의 통장에 입금된 것 같습니다. "팔순 넘긴 통장으로 눈물이 들어

왔다"로 시작되어 "푹 꺼진 눈매를 따라 고여들고 있었다"로 끝나는 이 한 편의 시조를 읽습니다. 가장과 큰아들을 동시에 잃은 집이 사람 사는 집일까요. "사난 살아져라 이승산디 저승산디", 이승인지 저승인지도 모를 큰 아픔의 바다를 묵묵히 저어오신 어머니의 한마디 말씀에서 4·3의 70년 역사는 아직도 현재진행형이라는 것을 확인합니다.

"오입질 도둑질 빼고 뭣이든 해보거라"(「봄볕」 부분)

"시류를 거스른 자 뒷일을 부탁 마라"(「겨울 무화과」 부분)

"무자년 터진 가슴 아물지가 않더라"(「잘 익은 자두를 보면」 부분)

"나무는 죽을 때마다 새 이름을 얻는다"(「선비 상床」 부분)

"무표정 상판 외엔 전신이 다 열꽃 자국"(「사각 틀 안에」 부분)

"아버지 김별별 어머니 현별별/ 오빠 동생 이름은 눈물 훌쩍 적시시며/ 사삼에 풍비박산한 가족 별을 심는다"(「시어머니의 첫 문장」 부분)

김정숙 시인의 친정도 그렇지만 시댁 역시 중산간 마을이어서, 4·3의 아픔이 가족들의 아픔과 직결되다 보니 그녀의 시편에서 알게 모르게 그 시대를 뚫고 살아온 가족들의 생존 방식을 읽어낼 수 있습니다. 현재 제주 문학의 중심에는 바로 김정숙과 같은 4·3의 후대들이 자리 잡고 있습니다. 하여 제주 문인들에게 시대 의식은 소홀히 다룰 수가 없는, 숙명적으로 지니고 가야 할 시대적 사명이 아닐 수 없습니다.

그 와중에도 삶의 현장을 함께했던 푸른색 소형 승용차 리오Rio에 대한 따스한 연민의 시조 한 편이 정겹습니다. 단순한 서정시가 아닌 김정숙 주변의 귤나무 한 그루, 풀 한 포기, 새 한 마리, 그리고 길과 자동차, 심지어 오래된 단풍색 가죽 외투까지 과거에서 미래로 흐르는 거대한 서사의 강줄기에 동참하고 있습니다.

이때 '서정敍情'이 멈춰 있는 물웅덩이식 표현이라 한다면, '서사敍事'는 굽이쳐 흐르는 강줄기와 같은 것입니다. 하여 이때 동원되는 언어는 과거에 들먹였던 원론적, 추상적 수준에서 벗어나, 펄펄 살아 출렁이는 현장 체험담들입니다.

쉰 고비 넘고부터 직진밖엔 길 없었네
서툰 불혹을 만나 혹에 혹을 붙이며
달려온 푸른 낙타가 주저앉은 출근길

밤새 토한 입김이 뿌옇게 얼붙었네

끊길 듯 타들어 가는 시동을 걸어놓고
마지막 온기를 다해 유리창을 닦는다

깜빡이 촉을 세운 무한 충성 나의 Rio
이십육만 삼천 킬로 희로애락을 싣고
밑줄 친 생의 마디가 게이지를 내린다
―「마지막 온기를 다해」 전문

  차는 사람을 업고, 사람은 차를 쓰다듬으면서 함께 달려온 26만 3천 킬로미터의 운행 게이지가 멈췄을 때, 손때 묻은 핸들을 쓰다듬는 시인의 마음을 짐작할 수 있습니다. 더구나 집을 나서려고 현관문을 닫으면서 집에게 "나 없는 동안 우리 집 잘 보고 있어야 돼"라고 당부하는 것이 시인들의 삶의 모습이라고 한다면, 이처럼 내 주변의 모든 것들에 인격을 부여하면서 체온을 나누려는 게 시인의 마음가짐입니다.

  그러나 서울역 근처에서 신분증, 휴대전화 등이 들어 있는 "귀 닳은 지갑"(「본인 실종」)을 잃고 노숙의 잠을 청했던 체험을 통해 "사람은 사람을 증명하지 못했다"라는 한마디를 서울 한복판 길바닥에 뿌리면서, 오늘 이 불신의 바다에서 허우적이는 우리 모두를 시인은 또 한 번 멈춰 세우고 있습니다.

3

숲이시여!
저 눈부심의 무게를
감당하소서
―「폭설주의보」부분

 삼다도……! 한시도 바람 잘 날 없는 제주에서 울컥 쏟아낸 김정숙의 쓸갯물 같은 이 시야말로 제주 시인들의 문학적 진화의 한 맥박으로 기억하고 싶습니다. 그토록 지난한 세월을 살아온 사람들 이야기, 더구나 '제주특별자치도'라는 거창한 이름의 뒷면에 '제주특별타치他治'의 올가미가 걸려 있다는 걸 인식하면서, 폭설처럼 엄청난 무게로 쏟아지는 현실적 난제 앞에 쏘아붙인 김정숙의 이 한마디가 말 그대로 촌철寸鐵처럼 와 꽂힙니다.

저기, 저 꽃밭 좀 봐
곳곳이 금맥이래
연삼 일 비 내려 그려놓은 바코드에
빨간불 깜박거리며 섬은 몸살 중이다
―「이어도는 세일 중」부분

한편 4·3 유적지 사려니 북받친밭에서 푸른 결기의 야생화를 만납니다. 제주의 전봉준이라 할 만큼 사태의 중심에서 끝까지 버티다 사라져간 인물이 이덕구입니다. 70년 한결같이 제주 특유의 까만 화산회토에 엎디어 있으면서도 빛깔 한 번 변하지 않은 금창초의 증언을 김정숙 시인이 여기 받아쓰고 있습니다.

이제,
들리시나요 보이시나요
아직인가요
줄줄이 피붙이를 총구 앞에 세우시고
사려니 북받친밭에 드러누워
핀 당신

구름 속 달님 별님아
쭈뼛 선 나무들아
부디 나를 밟고 가 밝은 하늘 보시게
외롭게 타들어 가던 저 진한
반골의 피

칠십 년을 피고 져도 그 자리 그 빛 그대로
피골이 상접한 가슴

퍽퍽 찧으며 피는
금창초 꽃잎의 유언
이 봄날이 에이네
 ―「금창초―이덕구 산전에서」 전문

"구름 속 달님 별님아/ 쭈뼛 선 나무들아/ 부디 나를 밟고 가 밝은 하늘 보시게", "피골이 상접한 가슴/ 퍽퍽 찧으며" 건망증이 심한 우리를 불러 세우고는, "이제,/ 들리시나요 보이시나요". 역시 김정숙 시인의 낮은 듯 강한 목소리가 서정과 서사의 경계선에서 주먹이 아프도록 시대의 문을 두들기고 있습니다.

못 가진 게 죄만 같은 물질 만능 이 시대
고향이 점점 낯설어 아예 잊고 산다는
코끝이 발갛게 취한 아우님을 보았다
 ―「대추나무에 걸린 바람」 부분

"고향이 점점 낯설어 아예 잊고 산다"라고 푸념하는 아우님의 빨갛게 취한 코끝을 보는 누이의 연민 어린 눈길이 슬프게 옵니다. 이는 한 가족사에 머물지 않고 이 시대를 살아가는 모든 가족이 겪는 진통의 단면이라 할 수 있겠지요.

갈빛으로 여물어가는

저 씨앗을 살피소서
오로지 살아남는 길 씨를 묻는 거라고
섬 동백 자궁을 여는
구월 하늘이
붉었다
-「동백씨를 줍다가」 부분

  어느새 동백꽃은 4·3의 대명사로 자리매김되어 4월에 피었다가 가을 초입에 제 몸을 다시 쪼개며 그 씨앗을 나눠주고 있습니다. 그 씨앗 하나를 주워 들고는 따뜻한 체온을 나누는 시인의 모습이 보이네요.

수산 들에 새벽은 전쟁처럼 밝아온다
-「시대의 들판」 부분

  농경문화 시대에선 우리 시조가 말 그대로 '시절가조'였습니다. 그런데 특별자치가 특별타치特別他治(?)로 바뀌면서, 불과 몇 년 사이에 평화의 섬 제주는 아수라장이 되고 말았습니다. 제2공항이 들어선다는 성산읍 수산마을 들녘의 아침은 마치 전쟁터와 같이 아파하고 있습니다. 결국 시조는 이 시대의 노래였다가 어느새 시대의 울음소리로 변하는가 싶더니, 오늘과 내일의 시대의 경계선에선 김정숙 시인의 한 줄 한 줄의 시는 어느새 절실한 기도문처럼 읽는 이의 손을 모으게 합니다.
"갈빛으로 여물어가는/ 저 씨앗을 살피소서".

4

한창 때 진초록으로 넘쳐나던 감나무 이파리가 입추가 지나고 차츰 표면의 엽록소가 분해되면서, 그 안에 감춰져 있던 붉은빛, 노란빛이 서서히 드러나기 시작합니다. 단풍 드는 모습이 눈에 든다는 것은 우리 사람들도 차츰 철이 든다는 의미일 것입니다.

    가을에 섬겨야 할 건
    물드는 저 마음이다

    붉은빛 노란빛
    망설이는
    감잎의 살갗

    숨겨온 나의 과거가
    찍혀 있을
    줄이야!

–「설마 했는데」 전문

 살아남기 위해 "붉은빛 노란빛"으로 표정을 바꾸면서 슬몃슬몃 거짓 증서에 도장을 찍으려 했던 솔직한 고백에서 '인격'이 아닌 '인간'을 만납니다. 자연을 가까이 두고 살아가는 사람은 주변의 모든 것들에게서 '나'의 일면을 발견하곤 합니다.

 "한 줄기 은빛 기록이/ 삶 사 삶 사 빛난다"(「육필 시인 셋-달팽이」 부분)

 "한 번도 하늘에 대고/ 구걸하지/ 않았다"(「육필 시인 셋-달개비」 부분)

 "일 년에 백 일쯤은/ 뜨거워도/ 괜찮아"(「목백일홍」 부분)

 이처럼 김정숙 시인의 마인드맵에는 또렷또렷 육하원칙이 존재하면서 제각각 점선이나 실선으로 이어지는 경계선들이 존재합니다. 이 경계선에서 팽팽한 시인의 긴장미를 만나게 됩니다. 섬과 육지의 접점, 시대와 시대의 접점, 보수와 진보의 접점, 빵과 양심의 접점, 세대와 세대의 접점, 그리고 자연과 문학의 접점 등등 이른바 386세대가 겪어온 고뇌를 읽습니다.
 서정만 있고 서사가 없는 오늘의 시조, 질문은 없고 대답만 있는 시조의 현실. '정형'이라는 시조의 틀에는 구속이 아닌 더 큰 해방의 세계가 있음을 우리 시조시인들에게 암시하면서, 자연은 우리 시조시인들에게 시대의 벽을 향해 더 크게 두들기라고 당부하고 있습니다. 그래서 시인은 밖을 향해 노크하는 자들입니다. 그들에게 전제되는 것이 용기이고, 창의력과 상상력 그리고 자유에의 희구인 점을 거듭 강조하고 있습니다.

   너를 향한
   내 마음은 언제나
   초보 운전

   집중하면 할수록
   아른대는 중앙선에

   가슴이
   잡은 핸들을
   이제 어떡하라고…
   -「비 내리는 애조로」 전문

  이 작품의 주어는 "너를 향한/ 내 마음"이겠지요. 여기서 '너'는 결코 사람은 아닌 것 같고, 어쩌면 시를 향한 배고픔과 끝없는 제주 사랑이 아닐까 싶습니다. 핸들을 손이 아닌 가슴으로 끌어안고, 길의 이름조차 슬프게 들리는 '애조로' 빗길을 달리고 있습니다. "언제나/ 초보 운전"이라는 자기 인식에서 모름지기 김정숙 특유의 겸손과 카리스마를 감지할 수 있습니다. 「비 내리는 애조로」라는 제목의 상황 설정에서 보듯이, 나를 에워싼 모든 것이 경계의 벽입니다. "이제 어떡하라고…". 어느새 그 질문은 자기 내면을 향하고 있습니다. 눈길이 밖을 향하지 않고 내면으로 향해 있는 자들이야말로 외로운 자가 아닌 '고독한 자'이면서 그게 시인의 모습이 아닐까 싶습니다.

첫 시집 『나도바람꽃』 상재 이후 7년 만에 두 번째 시집을 냅니다. 이처럼 안으로든 밖으로든 그녀는 쉴 새 없이 노크하고 있습니다. 김정숙을 단순히 농사지으면서 자연을 노래하는 무책임한 서정시인이라 단정 짓지 못하는 이유입니다.

요즘 들어 '리모델링'이라는 말을 자주 듣습니다. 이 말은 주로 건축물에 해당되는 말입니다. 그러나 글을 쓰는 사람들에게 이 말을 쓰고 싶습니다. 30대, 40대, 50대, 60대 등 연령의 매듭이 바뀔 때마다, 그리고 한 권 한 권 책을 펴낼 때마다 반드시 내면을 리모델링해야 한다고요. 그리고 시인은 밖을 향해 일방적으로 노크하기보다, 밖에서 나를 향해 두들기는 노크 소리에 한층 더 귀를 기울여야 합니다.

필자는 이제 후배님께 배워야 할 나이가 되었습니다. 자연 읽기, 고전 읽기, 세상 읽기와 동시에 자아 읽기에 소홀함이 없는 삶의 태도 앞에 세상은 늘 새롭고 생명력 넘치는 시의 보따리를 풀어낸다는 사실을 잊지 마시라는 마지막 잔소리를 얹으면서, 크게 모자란 감상문 쓰기를 마치겠습니다. 고맙습니다.

−2019년 7월 천둥 치는 날 소안도 '달뜨는집'에서

나뭇잎 비문

초판 1쇄　2019년 9월 25일
지은이　김정숙
펴낸이　김영재
펴낸곳　책만드는집

—

주소　서울 마포구 양화로 3길 99, 4층 (04022)
전화　3142-1585·6
팩스　336-8908
전자우편　chaekjip@naver.com
출판등록　1994년 1월 13일 제10-927호
ⓒ 김정숙, 2019

—

* 이 책의 판권은 저작권자와 책만드는집에 있습니다.
  이 책 내용의 전부 또는 일부를 재사용하려면 양측의 동의를 받아야 합니다.
* 잘못 만들어진 책은 구입하신 서점에서 바꾸어 드립니다.
* 이 도서는 문화체육관광부, 제주특별자치도, 제주문화예술재단의 지원금을 받았습니다.

ISBN　978-89-7944-701-9 (04810)
ISBN　978-89-7944-354-7 (세트)